दिल का सफर

अशार ए समर

राजन गोत्रा (समर)

BookLeaf Publishing
India | USA | UK

Made with ❤ on the BookLeaf Publishing Platform
www.bookleafpub.in
www.bookleafpub.com

Dedication

समर्पित

यह पुस्तक मेरी स्वर्गीय माता स्नेह लता को समर्पित है, जिनके आशीर्वाद के बिना मैं कुछ भी हासिल नहीं कर पाता।

Preface

हमें वो बददुआ दे कर दुआ को टालते भी हैं
बड़ी बेकार किस्मत है हमें वो चाहते भी हैं
सुना है रोज़ लड़ते हैं खुदा से वो हमें लेकर
हमीं को कोसते भी हैं हमीं को मांगते भी हैं

जी नहीं ये अशआर राजन के नहीं मेरे हैं, पर मेरे और राजन के रिश्ते को ये हर्फ ही बयां कर सकते हैं।

राजन गोत्रा 'समर' – राजन कहूं, या डॉक्टर कहूं या हमारा शाही खानसामा, हर किरदार में ये मेरा ये दोस्त दुरुस्त उतरता है। माफ़ी चाहूंगा जाति होने के लिए लेकिन इस एक शख्स से रिश्ता ही कुछ यूं है। जिस वक़्त ऑपरेशन थिएटर में डॉक्टर की पोशाक में रहे तो इस किरदार में मरीजों का हमदर्द बन जाता है, रसोई में घुसे तो अच्छे अच्छे बड़े रेस्टोरेंट वालों को खाने खिलने का अंदाज़ सिखा दे और जब अपनी डायरी खोले तो बड़े बड़े शायरों को दाद देने पर मजबूर कर दे।
राजन से हमारी दोस्ती कुछ 8 साल पुरानी ही है पर पहचान सदियों की है, शायद ऊपरवाला हमें जिनसे मिलना होता है उसे सही वक्त पे मिलवा ही देता है। पेशेवर उम्दा डॉक्टर होने के बावजूद, हॉस्पिटल से अपने परिवार और दोस्तों के लिए पूरा वक़्त निकाल देते हैं और जब पूछो कैसे तो मेरे ही वालिद साहब के एक शेर से उस बात को उरूज़ दे देते हैं के "ग़रीब अच्छे जो फर्श ए खाक पे बेख़ौफ़ सोते हैं, हवस के बिस्तरों पे न ताज़दारों को नींद आए"!
राजन की ज़िंदगी की समझ और उसकी कहनगोई की बेबाकी उसके

अशआर में साफ़ नज़र आती है
सुनो कैसी हिमाकत कर रहे हो
मेरी गम से हिफाज़त कर रहे हो

कहां जीतोगे चोरों से मुकदमा
जो सच की तुम वकालत कर रहे हो
राजन गोत्रा 'समर' के ये हर्फ उनकी साफदिली की नुमाइंदगी कर रहे हैं।

राजन आते तो पंजाब की सरजमीं से हैं पर उर्दू ज़बान पर खालिस पकड़ रखते हैं। लेकिन बावजूद इस इल्म के वो शेर कहने में एक आम सी बोली का इस्तेमाल नहीं छोड़ते।

न ख्वाबों में चले आना हमारे
कहीं ना जान ले ले बेकरारी

बड़ा पछताये तुमसे दिल लगाकर
बड़ी मंहगी पड़ी ये तुमसे यारी

इस किताब का दिबाचा लिखना मेरे लिए इसलिए भी मुश्किल था क्योंकि मैं हर तरह से राजन से कम आलिम शायर या इंसान हूँ। आमतौर पर ये काम किसी अदीब को दिया जाता है पर राजन ने ये जिम्मेदारी मेरे कंधों पे डाल दी, शायद इसलिए कि वे खुद मुझसे और कई और शायरों से एक बेहतरीन इंसान हैं।

इस किताब को पूरा पढ़ने के बाद आप भी मेरी राय से इत्तेफ़ाक

रखेंगे।

कुछ तो अपनी तरबियत से हल निकलना चाहिए
कम से कम तालीम का हासिल निकलना चाहिए

चिलचिलाती धूप हो या कांपता बादल मिले
चाह हो मंज़िल की तो पैदल निकलना चाहिए

हर एक शेर में ज़िंदगी का एक फलसफा साथ लिए चलते हैं, शायद इसलिए कि ज़िंदगी ने बहुत कुछ बहुत पहले ही दिखा दिया इन्हें। देखिए मैं फिर जाति हो गया।
एक शायर के तौर पर आपकी शायरी उतनी ही उम्दा होगी जितने उम्दा आप इंसान होंगे।

आपके और आपके समर के बीच इतनी देर तक रहने के लिए माफ़ी मांगता हूँ, और इस उम्मीद के साथ आपको छोड़ता हूँ कि मेरी हर बात आपको हर सफ़ के साथ ठीक लगेगी।

आशीष प्रकाश

Acknowledgements

मैं सबसे पहले अपनी पत्नी ऋचा चोपड़ा का शुक्रिया अदा करता हूँ जिन्होंने हमेशा मेरे काम का समर्थन किया और प्रोत्साहन दिया। और खास करके मेरे मूड और सनक को सहन करने के लिए भी। उन्होंने पत्नी होने के साथ साथ एक दोस्त एवं एक मार्गदर्शक का दायित्व भी सदा खुशी खुशी निभाया है।

मैं आशीष सक्सेना का भी शुक्रिया अदा करना चाहूँगा, जो एक अद्भुत और प्रेरक कवि हैं, लेकिन उससे भी बढ़कर, वे मेरे बहुत प्यारे दोस्त और भाई जैसे हैं।

अगर मैं भाई दानिश मोहम्मद खान का शुक्रिया अदा नहीं करता, तो मैं खुद को नाकामयाब मानूँगा। वे मेरे लिए गुरु जैसे हैं। ग़ज़ल लेखन की मूल बातें और बारीकियाँ सिखाने के लिए मैं उनका तहे दिल से शुक्रिया अदा करता हूँ। उनके बिना यह किताब संभव नहीं होती।

इस पुस्तक को आकार देने और डिजाइन करने में मेरी मदद करने के लिए मैं डॉ. अंकिता और डॉ. एविंदर का पर्याप्त धन्यवाद नहीं कर सकता।

मैं कृत्यार्थी हूं अपने पिता श्री मनोहर लाल गोत्रा जी का, जिनसे मुझे उर्दू के लिए प्रेम साहित्य एवम किताबों के लिए ज्ञिगासा मिली। ये मेरा सौभाग्य है कि मेरे पिता ही मेरे सबसे बड़े समीक्षक हैं।

श्रीमती शमा अरोड़ा जो रिश्ते में तो मेरी सास हैं किन्तु मेरी सबसे

बड़ी समर्थक हैं। मेरे जीवन में और मेरे साहित्य में उनका योगदान अतुलनीय है। मैं तहे दिल से उनका भी धन्यवादी हूं।

अंत में मैं ऋणी हूं अपने जीवन के तीन स्तंभों का। निशांत, मुस्कान एवम शानह्वी , जिन्होंने मुझे पिता बनने का सौभाग्य दिया।

1. New Poem

जुगनुओं की बिसात करते हैं
और गहरी ये रात करते हैं

दिल में चुभने लगी है खामोशी
पास बैठो कि बात करते हैं

बेसुतूं ये दर ओ दीवार सही
तेरे महलों को मात करते हैं

आरिज़ो लब हैं तेरे यां खंजर
हर घड़ी दिल पे घात करते हैं

इतना तन्हा हुए हैं उल्फत में
आईने से ही बात करते हैं

वो तकाज़ा न कर सकेंगे समर
जान ही हम ज़कात करते हैं

2. New Poem

क्यूँ हमसे मिल रहे हैं गुनहगार की तरह
साया भी उनका लगता है दीवार की तरह

हमसे उलझ रहे हैं वो जिनसे था राबता
इस दिल में चुभ रहे हैं किसी खार की तरह

शायद वो कर रहे थे किसी बेवफा की बात
हम तक रहे थे उनको तलबगार की तरह

क्या जाने कब वो आयें जो हैं दिल के पासबां
बैठे हैं हम तो रौनक ए बाज़ार की तरह

जब लुट गया है दिल तो करें हाय हाय क्यूँ
अब खुश हैं हम तो आशिक ए बेज़ार की तरह

हैं शाद कि समर से नहीं वास्ता कोई
दिल जल रहा है रौशन ए मीनार की तरह

3. New Poem

रक्स करते हुए लम्हों से गुज़र चाहता हूँ
मैं तेरी यादों के साये में सफर चाहता हूँ

इतनी तफसील से हो इश्क़ बयानी ये मेरी
कैस फरहाद की भी खुद पे नज़र चाहता हूँ

थक चुका हूँ ये वज़न रूह का सम्भाले हुए
अब तेरे शाने पे मैं अपना ये सर चाहता हूँ

यूँ अमावस तो अज़ल से ही मेरे साथ रहा
अपने आफ़ाक पे अब एक क़मर चाहता हूं।

चल रहा था मेरा भी काम दुखों से सुन लो
अब मुहब्बत भरी मैं एक खबर चाहता हूँ

ऐ समर नाज़ उठाने के ज़माने गुज़रे
सब मेरे नाज़ उठाएं ये हुनर चाहता हूं।

4. New Poem

सोचता हूं बहुत दिनों से ए दिल
थोड़ी तुझसे भी गुफ्तगू कर लूं
थोड़ा हंस लूं तेरे इरादों पर
तेरे अश्कों को आंख में भर लूं
तेरे अंदाज़ ए तजाहुल को पढ़ूं
तेरे अंदाज़ ए बयां को जानूं
तुझसे अंदाज़ ए तखातुब सीखूं
तेरे अंदाज़ ए अमल को मानूं
और ये सीख लूं मैं जब तुझसे
उम्र भर तुझसे किनारा कर लूं
सोचता हूं बहुत दिनों से -----
तू मेरे साथ यहां तक तो चला
मैं तेरे साथ चल सका न कभी
तुझको बस इश्क से ही मतलब था
मुझमें दुनिया की हवस भी है अभी
एक गर तुझको कत्ल कर पाऊं
हंसते हंसते मैं खुदकुशी कर लूं
सोचता हूं बहुत दिनों से -------
तुम हो गर दिल तो दिमाग हूं मैं
कितना अजीब सा ये रिश्ता है
इतना है इख्तिलाफ दोनों में
लेकिन ये फर्क भी शाइस्ता है
अपने जज़्बों से जो तुम पा न सके

अपनी हिक्मत से मैं हासिल कर लूं
सोचता हूं बहुत दिनों से -----

5. New Poem

तुम्हारा प्यार तो जैसे कि एक सिगरेट हो

कश ब कश ये मेरी रगों में घुलता जाता है

मेरी हर एक तमन्ना की राख है इसमें

कि इसकी आग में वजूद जलता जाता है

मुझे सौदागर या पागल कहो इंकार नहीं

मेरी बर्बादियों को और कुछ दरकार नहीं

जिस तरह तुमने है तबाह किया उल्फत में

मेरी रग रग को है बर्बाद किया सिगरेट ने

इक तुम्हारी याद और एक तरफ सिगरेट की

इन्हीं नशों में हर दिन बिखरता जाता है

तुम्हारा प्यार तो जैसे.......

मुझे मालूम है मैं सच से भी अंजान नहीं

मेरा दोनों से रिहाई का भी इमकान नहीं

तेरी फुर्कत जो मुझे रफ्ता रफ्ता मारेगी

ये सिगरेट भी मुझे धीरे धीरे निगलेगी

अब ये फुर्कत ये धुआं ही तो मिल्कियत है मेरी

इन्हें सम्भालते सब वक्त गुज़र जाता है

तुम्हारा प्यार तो जैसे......

6. New Poem

कुछ गुज़र ही गई कुछ गुज़ारी गई
रात फुर्कत की यूं दिल पे भारी गई

इश्क में ना गया कुछ तुम्हारा सनम
दिल हमारा गया जां हमारी गई

बस हमें इश्क में इतनी उजरत मिली
माल ओ दौलत गया आबदारी गई

खत्म रिश्तों के होने से होता है क्या
इतना होने से क्या ज़िम्मेदारी गई

उंगलियां यूं ज़माने की हम पर उठीं
ख़ुद परस्ती गई बुर्दबारी गई

मेरे कमरे की हर शै में हो यूं बसे
उम्र बाकी वहीं बस गुज़ारी गई

इतने पुरजोश मिलने लगे वो समर
जान लो इश्क से अब खुमारी गई

7. New Poem

हमने सब कुछ लुटा के देख लिया
तुझको अपना बना के देख लिया

दश्तो सहरा की प्यास बुझती नहीं
अश्क हमने बहा के देख लिया

वो किसी तौर भी न आएंगे
हमने तुर्बत सजा के देख लिया

इश्क में कोई जान देता नहीं
हमने खंजर उठा के देख लिया

आईने तू भी सच नहीं कहता
सामने तेरे आ के देख लिया

जब न दुश्मन रहे ज़माने में
दोस्त को आज़मा के देख लिया

जब अंधेरों से लड़ न पाये समर
हमने घर को जला के देख लिया

8. New Poem

सोचता हूँ कि तुझे मुझसे मुहब्बत क्यूँ है

तेरे तासुर में ये इतनी नफासत क्यूँ है

मैं अपनी दुनिया का इक आम सा बाशिंदा हूँ

खुद अपने ज़हन की ही सोच पे शर्मिंदा हूँ

न शख्सियत में करिश्मा न हैसियत में वकार

मैं अपनी मनफी तरबियत में ही पाईंदा हूँ

इश्क़ तो ठीक मगर जां पे मुसीबत क्यूँ है

सोचता हूँ कि तुझे मुझसे मुहब्बत क्यूँ है

मैं ज़िन्दगी की नफस नफसियों का मारा हूँ

मैंने जो दांव लगाया है सदा हारा हूँ

न तो मकसद न कोई ज़ौक़ ए तमन्ना मुझमें

मैं फर्ज़ो कर्ज़ की दुनिया में बेसहारा हूँ

खुद नहीं जानता कि मुझमें हकारत क्यूँ है

सोचता हूँ कि तुझे मुझसे मुहब्बत क्यूँ है

भूल जाओ भी मुझे खुद का जनाज़ा हूं महज़

हर घड़ी अपनी ही गुर्बत का तकाज़ा हूं महज़

कुछ मेरे इश्क में न दुख के सिवा पाओगी

में तेरी बिखरी तमन्ना में इज़ाफा हूँ महज़

सिर्फ मैं जानता हूँ मुझमें नदामत क्यूँ है

सोचता हूँ कि तुझे मुझसे मुहब्बत क्यूँ है

9. New Poem

इश्क़ अंदाज़ समझता ही नहीं
यानि बातों से बहलता ही नहीं

भीड़ में गुम किसी बच्चे की तरह
है परेशान वो कहता ही नहीं

खर्च खुद को भी बहुत हमने किया
वो हसीं चहरा चमकता ही नहीं

जा ब जा दिल यूं मेरा रक्स करे
देख कर तुझको भटकता भी नहीं

ये मुनाफे का ही बाज़ार है जी
खोटा सिक्का यहां चलता ही नहीं

रंग सब आज़मा के देख लिए
आइना अक्स बदलता ही नहीं

अब समर तुमको ही मरना है यहां
बद्दुआ से कोई मरता ही नहीं

10. New Poem

कोई जुस्तजू में बिखर गया कोई ख्वाब देखते मर गया
सभी कायनात है आरज़ी जो भी आया इसमें गुज़र गया

वो गुज़र गया इसी राह से यहाँ अब भी उसके निशान हैं
ये कदम ही उसके बता रहे वो कहाँ गया वो किधर गया

चलो आज़मां के भी देख लें ये जो रंग है जो निखार है
तेरे हुस्न का है जमाल ये जो बहार बन के बिखर गया

कोई थामने भी न आयगा कहीं जो गिरोगे मयार से
कि जहान की है सिफत यही ये कुचल के सबको गुज़र गया

न फिराक है न विसाल है वही लब पे मेरे सवाल है
तेरी सोच में हुआ मुब्तला मैं तो रुह में भी सवर गया

तेरा साथ देगा कहाँ तलक ये जहान मौका परस्त है
इसे कौन पूछेगा ये कहीं जो मुकर गया तो मुकर गया

तुझे बे नियाज़ जो कर गया तो समर ये उसका यकीन रख
वो खुदा ही है तेरा नाखुदा तुझे पार ले जो उतर गया

11. New Poem

मैं रह के भीड़ में तंहा था बेसहारा था
मुझे हजूम में रहना नहीं गवारा था

हमारी जान गई और हमारा घर उजड़ा
तुम्हारे वास्ते वो सिर्फ़ इक नज़ारा था

ये चश्मे नम वही तस्वीर ले के फिरती है
उस एक शख्स की कहने को जो हमारा था

बिछड़ते वक्त गले मिल के उसका रो देना
यही कमाई थी अपनी यही खसारा था

बिखर के रह गए जज़्बात आइने की तरह
हर एक हिस्से में चहरा बसा तुम्हारा था

समर को नेक समझते हैं सब मगर पहले
जिसे भी देखिए कहता हमें अवारा था

12. New Poem

जो मेरी ज़ात पे इतने सवाल करते हैं
ये मेरे यार ही जीना मुहाल करते हैं

मैं जिनके इश्क़ में नीलाम हो गया यूँ ही
वही हैं शख्स जो इतना बवाल करते हैं

फिराक की न बुझी आग मेरे अश्कों से
तेरी जफाओं का अब भी मलाल करते हैं

मुझे मिले हुए गम का कोई गिला ही नहीं
जो जख्म तुमने दिये बस कमाल करते हैं

वफा की आरज़ू नासूर बन गई कब की
अब इनकी अश्कों से हम देखभाल करते हैं

फिज़ा भी याद दिलाती है तेरी रुसवाई
हवा के झोंके भी हमको निढाल करते हैं

ये माज़रत की अदा काम अब न आयेगी
समर लो साजिशों का इस्तमाल करते हैं

13. New Poem

तेरे लबों पे मेरा नाम तक नहीं आया
गुबारे गम भी मेरे काम तक नहीं आया

सुना परिंदे सभी घर को लौट आते हैं
वो अजनबी तो कई शाम तक नहीं आया

मुझे नज़र से पिलाने का कौल था उसका
ज़काते हुस्न का पैगाम तक नहीं आया

पढ़ी दुआ तो बहुत पर यही सवाब मिला
मुझे तो मर के भी आराम तक नहीं आया

सफर में कट गई अपनी तमाम उम्र यूँ ही
कोई भी रस्ता तेरी बाम तक नहीं आया

ये मसअला तो कराबत का था नहीं लेकिन
हमारा इश्क़ तो अंजाम तक नहीं आया

समर दुआ करो यूँ ही जहां से उठ जाये
वो जिस पे इश्क का इल्ज़ाम तक नहीं आया

14. New Poem

हमीं को दे गया धोखा हमारा
जुदा तन से हुआ साया हमारा

वही इक शख्स अपना हो न पाया
ज़माने भर से था रिश्ता हमारा

थी जिसके आसरे पहचान अपनी
न हमसे बच सका खाका हमारा

जुदा होकर भी तुम से मर न पाये
लो झूठा पड़ गया वादा हमारा

ज़माना भी भला सुनता तो काहे
किसी ने कब सुना रोना हमारा

दिये जाये ज़माना ज़ख्म कोई
मुरव्वत ही रहा शेवा हमारा

न हमसे जीत पाएगी ये दुनिया
खुदा ही सिर्फ है मौला हमारा

हमीं आज़ाद खुद को कर न पाये
खुला तो रहता था पिंजरा हमारा

समर ना हाल उन से कह सकेगा
भिगों दें ना कहीं कांधा हमारा

15. New Poem

दुनियादारी में अब रहना सीख लिया
ठीक हूँ मैं ये सबसे कहना सीख लिया

दिल में अपने ही नश्तर कर जाते हैं
लेकिन हमने हर गम सहना सीखा लिया

इक दिन तो ये हमको भी ले डूबेगा
फिर भी इस दरिया में बहना सीख लिया

जो भी मिलेगा वो तो बिछड़ ही जाएगा
लो अब दिल ने तंहा रहना सीख लिया

सच को गलियों गलियों बिकते देखा तो
झूठ समर ने हक से कहना सीख लिया

16. New Poem

कितने ही हुये शोध है
हर इक के मन में बोध है
धरा तड़प के कह रही
है इसपे कितना बोझ है
है धरती आज लुट रही
प्रजातियां ही मिट रही
है लालसा का लोभ यूं
इंसानियत ही मिट रही
हैं आंख मूंद चल रहे
हैं मूर्ख सभी बन रहे
संरक्षण के नाम पर
खुद को सभी छल रहे
दूषित यूं हो चली धरा
हैं पेड़ फिर भी कट रहे
कब तक सहेगी यूं भला
इक दिन तो मर ही जायेगी
हुये जितने कुप्रयोग है
ये धरती फट ही जायेगी
मनुष्य जाग जाओ अब
निष्काम कुछ तो काम हो
कुछ बोझ पृथ्वी का घटे
कुछ तो इसे आराम हो
अब भी जो आंख न खुली
न प्यास लोभ की मिटी

ये धरती ही मिट जायेगी
जो पाल हमको थी रही

17. New Poem

बे नियाज़ी में अपने ध्यान में हम
फिर से हैं दौर ए इत्मिनान में हम

हमको आज़ादियां न रास आईं
काश रहते तेरी अमान में हम

दफ्न होने में अब गुरेज़ नहीं
अब तो हैं इश्क की उठान में हम

ज़ख्म दिल के छुपा लिए हमने
शहद रखते हैं यूँ ज़बान में हम

इश्क बनकर हवा में महकेंगे
मंदिरों में भी, हर अज़ान में हम

साथ तेरे गुज़र तो होगी नहीं
चढ़ते सूरज हो तुम ढलान में हम

वस्ल है और फिराक में है समर
सामने तुम हो पर गुमान में हम

18. New Poem

मीठी सी मुहब्बत में नमक घोल रहा है
आवाज़ से कानों में खनक घोल रहा है

ये कौन है जो सामने आता नहीं लेकिन
बस दूर से धड़कन में महक घोल रहा है

मासूम से उस चेहरे में ठंडक है अबर् की
मौसम में फुहारों का उफक घोल रहा है

सब लोग मुझे देखके कहते हैं दिवाना
वो यूं मेरी रग रग में कसक घोल रहा है

दानिशवरो में यूं तो गुज़ारी है जवानी
अब इल्म ही तो मुझमें सनक घोल रहा है

उसको न सनमखानो से हासिल हुई कौनेन
वो अपनी दुआओं में लचक घोल रहा है

कैसे रहेगी कोई भी उम्मीद समर से
ग़ज़लों में मुहब्बत की लहक घोल रहा है

19. New Poem

वो जुस्तजू में है कि मसीहाई मिल सके
हम हैं फिराक में कि पज़ीराई मिल सके

उलझा रहे हैं खुद को मसाइल के जाल में

उम्मीद है कि इल्म को बीनाई मिल सके

दोज़खज़दा हूँ इसमें ही शायद सुकूँ मिले
शायद जहान छूटे तो तंहाई मिल सके

परवरदिगार कहर उठाने से पेशतर
अच्छा यही हो जुल्म को रुसवाई मिल सके

यारों नसीब ये भी दिखाये हमें कभी
मज़दूर को पसीने की भरपाई मिल सके

शायद कभी वो दौर भी देखेंगे हम समर
हर ज़र्रे में खुदा की ही परछाई मिल सके

20. New Poem

जो शहर-ए-इश्क में आए हो फिर ये काम करो
ज़रा सा ज़ुल्फ़ के साए में भी अराम करो

मैं तो शजर हूं मुझे कुछ भी चाहिए ही नहीं
जो चाहो तुम भी ये किस्सा यहीं तमाम करो

मैं जानता हूं मुसाफिर हो तुम न ठहरोगे
ये मैंने कब कहा दिल में भी तुम कयाम करो

करूं क्या मेरी जो अब दसतरस में तू ही नहीं
यूं देखो दूर से बस दूर से सलाम करो

जिन्हें हो इश्क वो शिकवा नहीं करेंगे कभी
तमाम ज़ुल्म को सहने का इंतज़ाम करो

छुकाए सर को खड़े हैं तेरे मुरीद हैं जो
हसीं अदाओं से जी भर के कत्ले आम करो

समर है आतिश-ए- गुमनाम ज़िंदगी तेरी
जलो तो यूं कि ज़माने में अपना नाम करो

21. New Poem

उसे पाना कोई मसला नहीं है
हमारा है मगर लगता नहीं है

निभानी है उसे ये दीनो दुनिया
हमारा घर नहीं शजरा नहीं है

डराते हैं उसे रस्मो रिवायत
हमें लाज़िम कोई सौदा नहीं है

सताये खौफ उसको तीरगी का
हमारा नूर से रिश्ता नहीं है

वो बिस्मिल है तो हम भी हैं परेशां
बुरा ये दर्द दो तरफा नहीं है

समर ना उसको भूले से बुलाना
सदा सुनकर वो अब सुनता नहीं है

22. New Poem

ज़िंदा रहना है तो ये रक्स भी जारी रखो
अपने ख्वाबों में हवाओं की सवारी रखो

हमने ताउम्र यहाँ कुछ भी नहीं मांगा है
कोई तो बात खुदा तुम भी हमारी रखो

इस अदावत से भरे शहर में क्या पाओगे
यहाँ रहना है रकीबों से भी यारी रखो

वक्ते रुखसत पे नहीं साथ तेरे जाएगा
कोई भी चीज़ न दुनिया में उधारी रखो

झूठ के पांव नहीं होते सुना करते हैं
सच की बैसाखी पे चलने की बिमारी रखो

कितने हल्के से सुखन इश्क पे कहते हो समर
दर्दे दुनिया भी लिखो बात हमारी रखो

23. New Poem

सुनो कैसी हिमाकत कर रहे हो
मेरी गम से हिफाज़त कर रहे हो

सुना है पासबां तुमसे खफा है
मियां कैसी बगावत कर रहे हो

नहीं नाज़िम से बेमानी उलझते
ये कैसी तुम अदावत कर रहे हो

कहां जीतोगे चोरों से मुकदमा
जो सच की तुम वकालत कर रहे हो

तुम्हें काफिर का ही तमगा मिलेगा
खुदा की तुम इबादत कर रहे हो

कहां तक खुद को यूं रुसवा करोगे
खुदी पर तुम मलामत कर रहे हो

समर अब छोड़ो रूठों को मनाना
खड़ी खुद ही मुसीबत कर रहे हो

24. New Poem

कुछ ऐसे दर्द हैं जो सिर्फ औ सिर्फ मेरे हैं

तुम्हारी तरह इनसे भी तो मेरा वादा है

इनकी अज़मत को मैं नीलाम कर नहीं सकता

राज़ जो दिल में है वो आम कर नहीं सकता

माना हमदर्द हो एहबाब हो गमखार हो तुम

मेरी वीरान ज़िंदगी का आबशार हो तुम

मगर ये राज़ तुमसे फिर भी कह न पाऊँगा

अपने ज़ख्मों की नुमाइश मैं कर न पाऊँगा

पूछती हो सदा मैं क्यूँ हसास रहता हूँ

पास हो फिर भी क्यूँ इतना उदास रहता हूँ

कहूँ ये कैसे कभी तुम समझ न पाओगे

मेरी नाकामियों की गर्द में गुम जाओगे

मैंने ताउम्र सम्भाला जिन्हें ज़ेवर की तरह

जो मेरे दिल में रहे हैं किसी नश्तर की तरह

तुम्हीं कहो क्या उनसे बेवफा मैं हो जाऊँ

तुम्हारे इश्क की रंगीनियों में खो जाऊँ

तुम्हारी तरह उन्हें भी तो इश्क़ है मुझसे

तुम नहीं जानती उनको तो रश्क है तुमसे

मेरी पेशानी पर ये बल जो तुमको दिखते हैं

हैं मेरे गम जो मुझसे प्यार में लिपटते हैं

तुम्हारी तरह इन्हें मैं भुला नहीं सकता

मेरा वजूद हैं इनको मिटा नहीं सकता

तुम्हारे आने से पहले तुम्हारे जाने के बाद

यही तो हैं जो मेरा ख्याल रखते हैं

जो खला दिल में मेरे छोड़ जाती हो अक्सर

यही तो हैं जो उसे आंसुओं से भरते हैं

इसलिए हमनवा न पूछ मुझे क्या गम है

मुझसे न पूछ मेरी आँख किसलिए नम है

क्यूंकि कुछ दर्द हैं जो सिर्फ औ सिर्फ मेरे हैं

25. New Poem

दफ्तर की थकन और घर की फिक्र
ज़िंदगी बस इसी दौड़ में कट जाती है
आमदनी कम है और खर्चे हैं बहुत

उम्र इंसां की इसी सोच में घट जाती है
कभी अम्मी की दवाई कभी अब्बू का मर्ज़
कभी स्कूल की फीस कभी घर का कर्ज़
कमाई मेरी इन्हीं खर्चों में बट जाती है
ज़िंदगी बस इसी दौड़ में कट जाती है

है बच्चों की ख्वाहिश कि पिक्चर का है मन
बिवी देती है ताने, नहीं घर में सालन
अपने फटे जूते बदलने की सोच
फिर से सिमट जाती है
ज़िंदगी बस इसी दौड़ में कट जाती है

मैं हारे मुसाफिर सा घर लौटता हूँ
थका हारा बिस्तर पे बस लोटता हूँ
सुबह फिर तकाज़ा की फेरहिस्त लेकर
मैं जीतूँगा ये जंग ऐसा मैं सोचता हूँ
शाम तक नाउम्मीदी फिर से लौट आती है
ज़िंदगी बस इसी दौड़ में कट जाती है

कभी है दशहरा कभी है दीवाली

इन त्योहारों ने मेरी जेब कर दी है खाली
ये मासूम चहरे ये बूढ़ी सी आंखें
इनकी उम्मीदों के बोझ से
हर खुशी दब जाती है
ज़िंदगी बस इसी दौड़ में कट जाती है
ज़िंदगी बस इसी.......

26. New Poem

तेरे लबों पे मेरा नाम तक नहीं आया
गुबारे गम भी मेरे काम तक नहीं आया

सुना परिंदे सभी घर को लौट आते हैं
वो अजनबी तो कई शाम तक नहीं आया

मुझे नज़र से पिलाने का कौल था उसका
ज़काते हुस्न का पैगाम तक नहीं आया

पढ़ी दुआ तो बहुत पर यही सवाब मिला
मुझे तो मर के भी आराम तक नहीं आया

सफर में कट गई अपनी तमाम उम्र यूँ ही
कोई भी रस्ता तेरी बाम तक नहीं आया

ये मसअला तो कराबत का था नहीं लेकिन
हमारा इश्क़ तो अंजाम तक नहीं आया

समर दुआ करो यूँ ही जहां से उठ जाये
वो जिस पे इश्क का इल्ज़ाम तक नहीं आया

27. New Poem

सितम भरपूर होना चाहिए था
हमें मजबूर होना चाहिए था

वफ़ा सजदे तुम्हारे कर रही थी
तुम्हें मगरूर होना चाहिए था

हमें रुसवाइयों का डर नहीं था
हमें मशहूर होना चाहिए था

जफा करने का कोई ढब तो होता
कोई दस्तूर होना चाहिए था

न चाहूं चांद तारे और न जुगनू
तुम्हीं से नूर होना चाहिए था

समर ना तुम फ़रिश्ते हो न हम हैं
खुदा मंजूर होना चाहिए था

28. New Poem

हम उनको आज़माते जा रहे हैं
सज़ा खुद को दिलाते जा रहे हैं

दिये जो घर को रौशन कर रहे थे
वो ही घर को जलाते जा रहे हैं

करें क्या रिंद मयखाने में जाकर
वो नज़रों से पिलाते जा रहे हैं

तेरी यादों ने दस्तक फिर से दी है
वो ही दिन फिर से आते जा रहे हैं

मुज़म्मिल इश्क में शेवा हमारा
गले सब को लगाते जा रहे हैं

तेरी फुर्कत में कोई हल नहीं था
सो जश्ने गम मनाते जा रहे हैं

समर सब रूशनासी का है मसला
तुम्हें यकसर भुलाते जा रहे हैं

29. New Poem

मुहब्बत की कड़ी कमजोर पड़ती जा रही है
तुम्हारे गम की अब तासीर हटती जा रही है

कोई मंसूबा तो अंजाम तक भी आ न पाया
ये सांसें है कि देखो रोज़ घटती जा रही है

बिसाते ज़िंदगी की देख ली हर चाल हमने
ये बाज़ी को मुसलसल ही बदलती जा रही है

गुज़िश्ता ज़िंदगी को जब भी देखा आईने में
मुहब्बत हर कदम पर मात चखती जा रही है

गज़ब है ज़िंदगी की तिश्नगी का ये भी आलम
है दरया के किनारे प्यास बढ़ती जा रही है

समर ताउम्र भटका इक घड़ी भी जी न पाया
ये भटकन ज़िंदगी हर पल निगलती जा रही है

30. New Poem

जंग लड़नी हो तो हथियार भी तोले जाएं
पहले परखो वो सभी लफ्ज़ जो बोले जाएं

रस्में महफ़िल का कोई तौर तो होता होगा
राज़ सारे तो न महफ़िल में यूं खोले जाएं

इश्क इंसान की बुनियादी ज़रूरत है सुनो
रंग नफरत के न बाशिंदों में घोले जाएं

सर से पा तक हमें तकते थे कभी हसरत से
अब मेरे ज़ख्म भी हसरत से टटोले जाएं

दिल के नासूर पे अब कोई भी मरहम कीजे
फिर भी मुश्किल है समर के ये फफोले जाएं

31. New Poem

बात करते हैं वो हमसे तो नसीहत की तरह
झेलते हैं हमें महफ़िल में मुसीबत की तरह

वक्ते दरिया में ये रिश्ते भी कहां डूब गये
प्यार तो अब भी है लेकिन है फजीहत की तरह

कोई काफ़िर कहे मुझको या दिवाना कह ले
तेरे सजदे में झुका हूं मैं अकीदत की तरह

हम मुरव्वत में ही अपनों से निभाते जाएं
तुमने उल्फत भी जताई तो अदावत की तरह

हमसे ना होगा कोई और अमल जीने का
हमने नफरत भी निभाई तो मुहब्बत की तरह

कोई सौदा तो समर इश्क में करना होगा
लोग अब इश्क भी करते हैं तिजारत की तरह

32. New Poem

ख्वाब जो बुनते हैं तेरे वो ही मिट जाते हैं
हम तेरी यादों के साये में सिमट जाते हैं

हमने जो देखा किसी को ना दिखाए मौला
लोग कैसे किए वादों से पलट जाते हैं

दिल ए नाशाद को कोई तो सहारा दीजे
जितने भी हाथ हैं थामे सभी कट जाते हैं

इश्क है यानी कलेजे में है खंजर उतरा
और इक हम उसी खंजर से लिपट जाते हैं

कोई चुनता नहीं फिर गर्द में मिल जाएं अगर
ऐसे फूलों से सभी बागबां हट जाते हैं

अब समर इल्तिज़ा कीजे या दुहाई दीजे
वो हर इक कौल से वादे से उलट जाते हैं

33. New Poem

ऐसी निस्बत से गुज़ारा तो नहीं हो सकता
गैर का है जो हमारा तो नहीं हो सकता

देखकर आस्तीं लोगों को लगाना दिल से
जो है ख़ुदग़र्ज़ सहारा तो नहीं हो सकता

किसकी आवाज़ यूं कानों में घुली जाती है
बेसबब उसने पुकारा तो नहीं हो सकता

मेरी सच्चाई की तस्दीक नहीं कर पाए
ये भी कुदरत का इशारा तो नहीं हो सकता

उसकी बातों से कहीं आग न लग जाए यहां
लफ्ज़ ए शीरीं में शरारा तो नहीं हो सकता

आदतन उससे वफादारी की उम्मीद नहीं
वो हकीकत में हमारा तो नहीं हो सकता

फिर से होता तो अलग तौर की ग़ज़लें कहते
इश्क अब हमको दोबारा तो नहीं हो सकता

उन्स में उनकी समर और कहां तक रोएं
इश्क में इतना खसारा तो नहीं हो सकता

34. New Poem

अंधेरे हैं उजाले हैं बदन पर छाले छाले हैं
कोई तो आके सुन ले जो हमारे दिल के नाले हैं

हमारे गम हमें प्यारे हैं अपनी जान से बढ़कर
कलेजे से लगाए हैं ये औलादों से पाले हैं

हमारे इश्क से बढ़कर हमारे दर्द की शिद्दत
न जाने कैसे हम इतनी तेरी यादें सम्हाले हैं

चलो अब जाम भरते हैं चलो अब अश्क पीते हैं
चलो अब जान देते हैं कि सब तेरे हवाले हैं

हमें ना तीरगी से रश्क, जुगनू से हमें नफरत
हमें सूरज से क्या लेना तुम्हीं से सब उजाले हैं

तुम्हारे सम्त से बादे सबा आए तो हैरानी
तुम्हारे शहर में तो सांस लेने पर भी ताले हैं

जिन्हें हम दोस्त कहते हैं समर होंगे वही कातिल
हसीं चेहरे ये गोरे हैं मगर दिल सब के काले हैं

35. New Poem

देखकर भी हमें देख पाते नहीं
आप क्यूं हमसे नज़रें मिलाते नहीं

जाम तुमने बहुत हैं पिलाए मगर
रूह की प्यास फिर क्यूं मिटाते नहीं

इस जहां की रिवायत से वाकिफ हो तुम
बात उल्फत की पर तुम निभाते नहीं

एक तुम हो न आए कभी ख्वाब में
एक गम हैं कि आकर ये जाते नहीं

आप दानिश कहें यां कि जाहिल कहें
हम कहीं पर भी सर को झुकाते नहीं

जान हाज़िर मैं हर इक अदा पर करूं
आप ही बस कभी मुस्कुराते नहीं

अब समर है परेशान कुछ तो करो
मैं रुकूं यां चलूं वो बताते नहीं

36. New Poem

तेरे कदमों ने कुछ कुचला हुआ है
ये शायद दिल है जो बिखरा हुआ है

किसी को क्या गरज़ कैसे हैं गुज़री
कोई पूछे तो हमसे क्या हुआ है

तुम्हें पाएं तो पाएंगे भी कैसे
तखय्युल में भी बस धोखा हुआ है

वो जब तक ज़ख्म की तामीर करता
तो देखा चारागर बदला हुआ है

सकूं साये में उसके क्या ही मिलता
शजर जो जड़ से ही उखड़ा हुआ है

मेरा खुद से रकाबत का है रिश्ता
तबाही पर समर उतरा हुआ है

37. New Poem

यूं ही सोचते हैं बहुत आजकल
तुम्हें खोजते हैं बहुत आजकल

कभी बस निगाहों में बातें हुईं
ये लब बोलते हैं बहुत आजकल

नहीं चैन दिल को किसी तौर भी
ये गम नोचते हैं बहुत आजकल

वो कल मुत्तफिक मेरी बातों से थे
जिरह खोलते हैं बहुत आजकल

सदा मेरे पहलू में बैठे रहे
समां तोलते हैं बहुत आजकल

हमारा सताना था जिनको अज़ीज़
हमें टोकते हैं बहुत आजकल

समर इश्क उनका भुला दो कि वो
जिगर नोचते हैं बहुत आजकल

38. New Poem

तर्के उल्फ़त न बढ़ाया कीजे
गैर भी जी से लगाया कीजे

हैं जुदा होने के कितने रस्ते
वस्ल के नुस्खे बनाया कीजे

इश्क का काम ही पेचीदा है
इसमें ना उम्र गवाया कीजे

उनकी तस्वीर बनाने के लिए
रंग में नूर मिलाया कीजे

जिन दरख्तों पे कोई गुल न खिलें
ऐसे पौधे न लगाया कीजे

हमने पाया है दुआओं से तुम्हें
इस इबादत को न ज़ाया कीजे

बात फ़ुर्क़त की ही करनी क्यों है
बात मिलने की उठाया कीजे

गैर मुमकिन है समर का बचना
अब दुआ उसपे न ज़ाया कीजे

39. New Poem

हमने सब कुछ लुटा के देख लिया
तुझको अपना बना के देख लिया

दश्तो सहरा की प्यास बुझती नहीं
अश्क हमने बहा के देख लिया

आंख उनकी तो अश्कबर न हुई
हमने तुर्बत सजा के देख लिया

इश्क में कोई जान देता नहीं
हमने खंजर उठा के देख लिया

आईने तू भी सच नहीं कहता
सामने तेरे आ के देख लिया

जब न दुश्मन रहे ज़माने में
दोस्त को आज़मा के देख लिया

जब अंधेरों से लड़ न पाये समर
हमने घर को जला के देख लिया

40. New Poem

कभी रो लिया कभी हस लिया
कभी खुद को खुद से छुपा लिया
कभी यूँ हुआ तेरा मुन्तज़िर
कि वजूद अपना मिटा लिया
कभी देख तू भी तो हमनशीं
क्या सिला मिला मुझे इश्क का
उठे हाथ जो मेरे कत्ल को
उन्हें भी गले से लगा लिया
मेरी हसरतों में कमी नहीं
वो ही अब भी मेरा जनून है
तेरा अक्स भी जो मिला कहीं
उसे दिल में अपने छुपा लिया
नहीं एक दूजे से हम जुदा
तो क्यूँ अलविदा कहें दोस्तो
हमें जिस्मों से क्या है वास्ता
जब रूह तक को मिला दिया